Tabla de contenidos

Sorpresas mortales

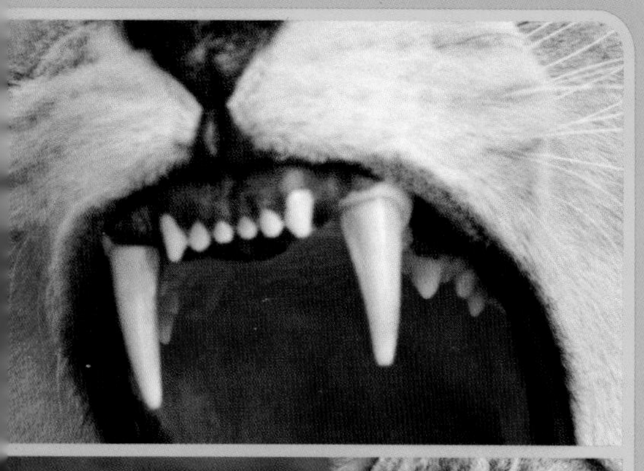

¿Dientes enormes?
Sí.

¿Garras afiladas?
Sí.

¿Rápido y feroz?
Sí.

Los Animales Más Mortales

Melissa Stewart

Washington, D.C.

Para Colin
—M.S.

Publicado por National Geographic Partners, LLC, Washington, D.C. 20036.

Libro en rústica ISBN: 978-1-4263-2605-9
Encuadernación de biblioteca reforzada ISBN: 978-1-4263-2606-6

Tapa, Karine Aigner/NationalGeographicStock.com; 1, Ian Waldie/Getty Images; 2, Radius Images/Getty Images; 4 (arriba), Gary Randall/Taxi/Getty Images; 4 (al medio), Duncan Noakes/iStockphoto.com; 4 (abajo), James Martin/The Image Bank/Getty Images; 5, Stephen Robinson/NHPA/Photoshot; 6-7, Mitsuaki Iwago/Minden Pictures; 8, Gerry Pearce/Alamy; 9 (arriba), DEA/Christian Ricci/De Agostini/Getty Images; 9 (abajo), SA team/Foto Natura/Minden Pictures/NationalGeographicStock.com; 10, Ira Block/NationalGeographicStock.com; 11, Rinie Van Meurs/Minden Pictures; 12-13, Steve Turner/Oxford Scientific/Getty Images; 13 (arriba), Jason Edwards/NationalGeographicStock.com; 14, Beverly Joubert/NationalGeographicStock.com; 15, Tim Fitzharris/Minden Pictures/NationalGeographicStock.com; 16-17, Karl Ammann/Digital Vision/Getty Images; 18, Konrad Wothe/Minden Pictures/NationalGeographicStock.com; 19, Frans Lanting/NationalGeographicStock.com; 20, DLILLC/Corbis; 21 (arriba), John Pitcher/Design Pics/Corbis; 21 (al medio), Radius Images/Corbis; 21 (abajo), Jack Goldfarb/Design Pics/Corbis; 22, Bates Littlehales/NationalGeographicStock.com; 23 (arriba), Deshakalyan Chowdhury/AFP/Getty Images; 23 (abajo), George Grall/NationalGeographicStock.com; 24, Armin Maywald/Foto Natura/Minden Pictures/NationalGeographicStock.com; 25 (arriba), Ho New/Tasmania Police/Reuters; 25 (abajo), Ian Waldie/Getty Images; 26, Stephen Frink/Science Faction/Getty Images; 27, David Doubilet/National Geographic/Getty Images; 28, Cary Wolinsky/NationalGeographicStock.com; 29, Michael Melford/NationalGeographicStock.com; 30 (arriba izquierda), Martin Harvey/Gallo Images/Getty Images; 30 (arriba derecha), Panoramic Images/Getty Images; 30 (al medio izquierda), Andrew Holt/Photographer's Choice/Getty Images; 30 (al medio derecha), Brian J. Skerry/NationalGeographicStock.com; 30 (abajo izquierda), Gary Vestal/Riser/Getty Images; 30 (abajo derecha), Paul Zahl/NationalGeographicStock.com; 31 (arriba izquierda), James Forte/NationalGeographicStock.com; 31 (arriba derecha), Andrew Bannister/Gallo Images/Getty Images; 31 (al medio izquierda), David B. Fleetham/Photolibrary/Getty Images; 31 (al medio derecha), Luis Angel Espinoza/National Geographic My Shot; 31 (abajo), Heidi & Hans-Juergen Koch/Minden Pictures/Getty Images; 32-33, Gary Bell/Taxi/Getty Images; 33 (derecha), Viorika Prikhodko/iStockphoto.com; 34 (izquierda), Shane Drew/iStockphoto.com; 34-35, Photographer/NationalGeographicStock.com; 35 (recuadro), Hal Beral VWPics/SuperStock; 36, Mark Moffett/Minden Pictures; 37 (arriba), ZSSD/Minden Pictures/NationalGeographicStock.com; 37 (al medio), Mark Moffett/Minden Pictures/NationalGeographicStock.com; 37 (abajo), Mark Moffett/Minden Pictures/Getty Images; 38, Scott Leslie/Minden Pictures/NationalGeographicStock.com; 39, Zheng Jiayu/XinHua/Xinhua Press/Corbis; 40, IMAGEMORE Co, Ltd./Getty Images; 41, Mark Moffett/Minden Pictures/Getty Images; 42, David Maitland/NHPA/Photoshot; 43, Ian Waldie/Getty Images; 44, David Scharf/Science Faction/Getty Images; 45, Mitsuhiko Imamori/Minden Pictures/NationalGeographicStock.com; 46 (abajo izquierda), Keren Su/The Image Bank/Getty Images; 46, Armin Maywald/Foto Naturs/Minden Pictures/NationalGeographicStock.com; 46 (al medio derecha), David Doubilet/National Geographic/Getty Images; 46 (arriba derecha), Karen Mower/iStockphoto.com; 46 (abajo derecha), Ira Block/NationalGeographicStock.com; 46 (arriba izquierda), Gary Bell/Taxi/Getty Images; 47 (al medio derecha), Mark Moffett/Minden Pictures/Getty Images; 47 (abajo izquierda), ZSSD/Minden Pictures/NationalGeographicStock.com; 47 (abajo derecha), Deshakalyan Chowdhury/AFP/Getty Images; 47 (arriba derecha), Johan Swanepoel/iStockphoto.com; 47 (al medio izquierda), Scott Leslie/Minden Pictures/NationalGeographicStock.com

Impreso en los Estados Unidos de América
17/WOR/4

El león africano tiene todas las características que uno esperaría encontrar en uno de los animales más mortales de la tierra. Estos depredadores poderosos son cazadores de mucha capacidad. Normalmente cazan en grupos que se llaman "manadas" y pueden matar a presas diez veces más grandes que su tamaño. Es por eso que le llamamos "el rey de la selva."

DEFINICIONES MORTALES

DEPREDADOR: Un animal que caza y come a otros animales

¿Pero son los leones los animales más mortales de todos?

No tanto.

Los leones ocupan una posición alta en la lista de los animales más mortales, pero no son el número uno. Y si piensas que todas las criaturas peligrosas del mundo son cazadores grandes y feroces, te vas a sorprender.

Sorpresa 1:

Algunos animales mortales sólo comen plantas.

Los canguros rojos pasan sus días tranquilos mordisqueando pasto, pero cuando se sienten amenazados, ¡Cuidado! Una patada en el pecho podría quebrar las costillas y hacer colapsar los pulmones.

Sorpresa 2:

Algunos animales mortales son más pequeños que la palma de tu mano.

Las orugas procesionarias sólo miden 2 pulgadas, pero ten cuidado con sus pelos. Pueden causar sarpullidos, ataques de asma y hasta reacciones alérgicas mortales.

DEFINICIONES MORTALES

ALÉRGICO: Cuando el cuerpo reacciona a alguna sustancia con erupciones, problemas de respiración o hasta la muerte

VENENO: Líquido venenoso que está en el cuerpo de algunos animales

Sorpresa 3:

Algunos animales mortales podrían vivir más cerca de ti de lo que piensas.

Las serpientes de cascabel viven por todos los Estados Unidos y muerden a aproximadamente 8.000 personas por año. Aunque el veneno de los cascabeles es mortal, la mayoría de las personas recibe tratamiento rápido y sobrevive.

Grandes cazadores

Los osos polares

El oso polar es el depredador terrestre más grande que hoy vive. Como el león, el oso polar es un gran cazador que sabe exactamente cuándo y cómo atacar.

Este carnívoro inteligente busca un agujero en el hielo y espera. Cuando una foca sale del agua para tomar aire, el oso polar salta y agarra a la foca con sus dientes afilados.

DEFINICIONES MORTALES
CARNÍVORO:
Un animal que
come la carne de
otros animales

Los cocodrilos marinos

Los cocodrilos marinos son tan feroces como los osos polares – y tan pacientes también.

Merodean debajo de la superficie del agua, esperando a su presa. Cuando un animal desprevenido pasa a su lado, la bestia de 1.000 libras sale con fuerza del agua, agarra su víctima y la lleva debajo del agua para ahogarla. ¡Caramba!

El cartel dice:
⚠ **Cuidado con los cocodrilos**
PELIGRO
Se encuentran cocodrilos en esta zona. Los ataques pueden causar heridas o muerte.
- Manténgase lejos de la orilla.
- No se meta al agua.
- No limpie pescados cerca de la orilla.
- Llévese todos los restos de pescado y comida.

El cocodrilo marino es el depredador grande más mortal. Puede matar fácilmente a un búfalo de agua y hasta suele matar a los tiburones que viven en la costa de Australia.

Grandes y brutales

Los hipopótamos

Los hipopótamos normalmente son gigantes simpáticos. En el día, descansan y duermen en aguas poco profundas. Por la noche, salen a la tierra y comen pasto y hojas.

Pero si un bote aparece entre un hipopótamo y las aguas profundas o entre un hipopótamo mamá y su cría, el animal entra en estado de pánico. Puede volcar el bote y atacar a sus pasajeros con sus mandíbulas poderosas.

Los elefantes

Como los hipopótamos, los elefantes normalmente son animales tranquilos y pacíficos. Pero cuando un elefante se siente amenazado, seguro atacará.

Este herbívoro puede acuchillar a sus enemigos con sus colmillos y puede machucarlos con sus pies. A veces agarra con su tronco a los animales que lo atacan y los tira al aire.

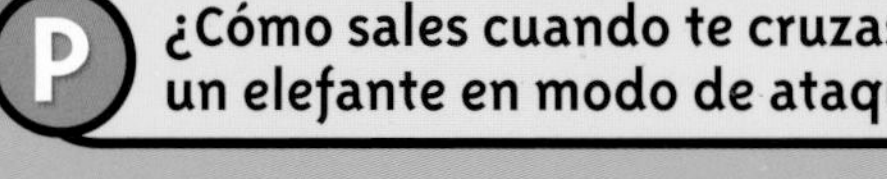

R Atropellado.

Los elefantes son los animales más grandes de la tierra, entonces pueden hacer mucho daño.

DEFINICIONES MORTALES

HERBÍVORO: Un animal que come plantas

Los búfalos cafre

Grandes manadas de búfalos cafre pastan hora tras hora en abundantes pastizales. Pareciera que ellos están concentrados en su comida, pero también están alertas a cualquier peligro.

Total de muertos

En África, los búfalos cafre son conocidos como la "muerte negra" por su oscuro color y su naturaleza feroz.

Cuando estos enormes y pesados animales se sienten enojados o asustados, atacan a sus enemigos con sus cabezas hacia abajo. Con frecuencia, ellos atacan en grupos. Una estampida de búfalos cafre puede matar a sus depredadores rápidamente con sus pezuñas afiladas y sus cuernos en forma de ganchos.

Serpientes escalofriantes

Alrededor de 3.000 especies de serpientes viven en la Tierra, y la mayoría de ellas produce veneno. Las serpientes usan su veneno para matar a sus presas y protegerse de los enemigos.

ESPECIE: Grupo de criaturas similares que se aparean y reproducen

TÓXICO: Venenoso, capaz de causar heridas y hasta la muerte

¿Por qué es difícil de engañar a una serpiente?

Porque no puedes tomarle el pelo.

La mayoría de las serpientes son muy pequeñas o muy tímidas para atacar a los humanos. Pero cerca de 300 especies pueden matar a aquellas personas que están en el lugar equivocado en el momento equivocado.

Serpiente bocaracá dorado

Crótalo verde

Serpiente de cascabel diamante rojo

Información tóxica

El veneno de la cobra india no es tan tóxico como el de otras serpientes, pero a menudo éstas viven más cerca de las personas y eso representa una gran amenaza. La mordida de la cobra india mata a miles de personas por año en Asia.

¿Cuál de las serpientes es la más mortal?

Esa es una pregunta difícil de contestar.

Serpiente marina de pico

Esta cazadora de peces vive en las aguas costeras y tiene uno de los venenos más mortales que cualquier otra serpiente. Una sola gota te puede matar. Al igual que otras serpientes, ésta tiene pulmones y respira pero puede permanecer debajo del agua hasta 5 horas.

Víbora de Russell

Esta serpiente vive en los arrozales y en los pastizales de Asia y puede morder a los granjeros. Su veneno no es tan tóxico como el de la serpiente marina de pico pero tiene más toxina en su cuerpo. Eso quiere decir que ésta lanza más veneno en cada mordida.

Mamba negra

Otras serpientes pueden tener un veneno más fuerte, pero la mamba negra se desliza rápidamente y no tiene miedo de atacar. Cuando un enemigo se acerca, la mamba negra levanta su cabeza bien alto y sisea. Si el depredador no retrocede, la serpiente golpea una y otra vez.

Peces feroces

Tiburón blanco

El tiburón blanco es el pez carnívoro más grande del océano. Ver su boca enorme con sus 3.000 dientes serrados le daría miedo a cualquiera.

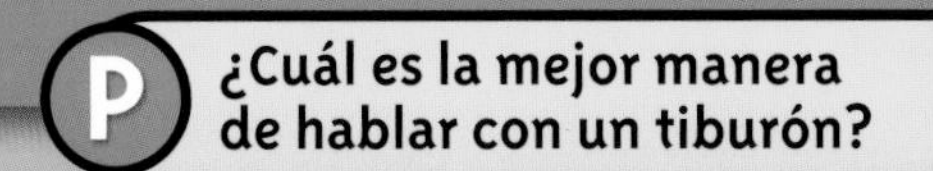

¿Qué hace que este tiburón sea tan peligroso? Sus super sentidos. Éste escucha bien y tiene una excelente vista. Lo más importante es que su sentido del olfato es 10.000 veces mejor que el nuestro.

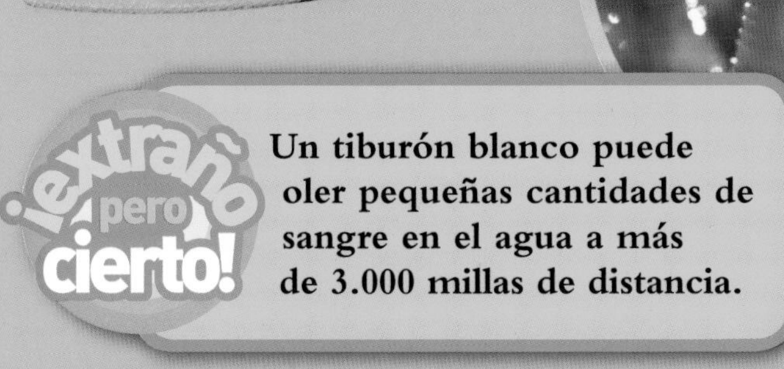

Un tiburón blanco puede oler pequeñas cantidades de sangre en el agua a más de 3.000 millas de distancia.

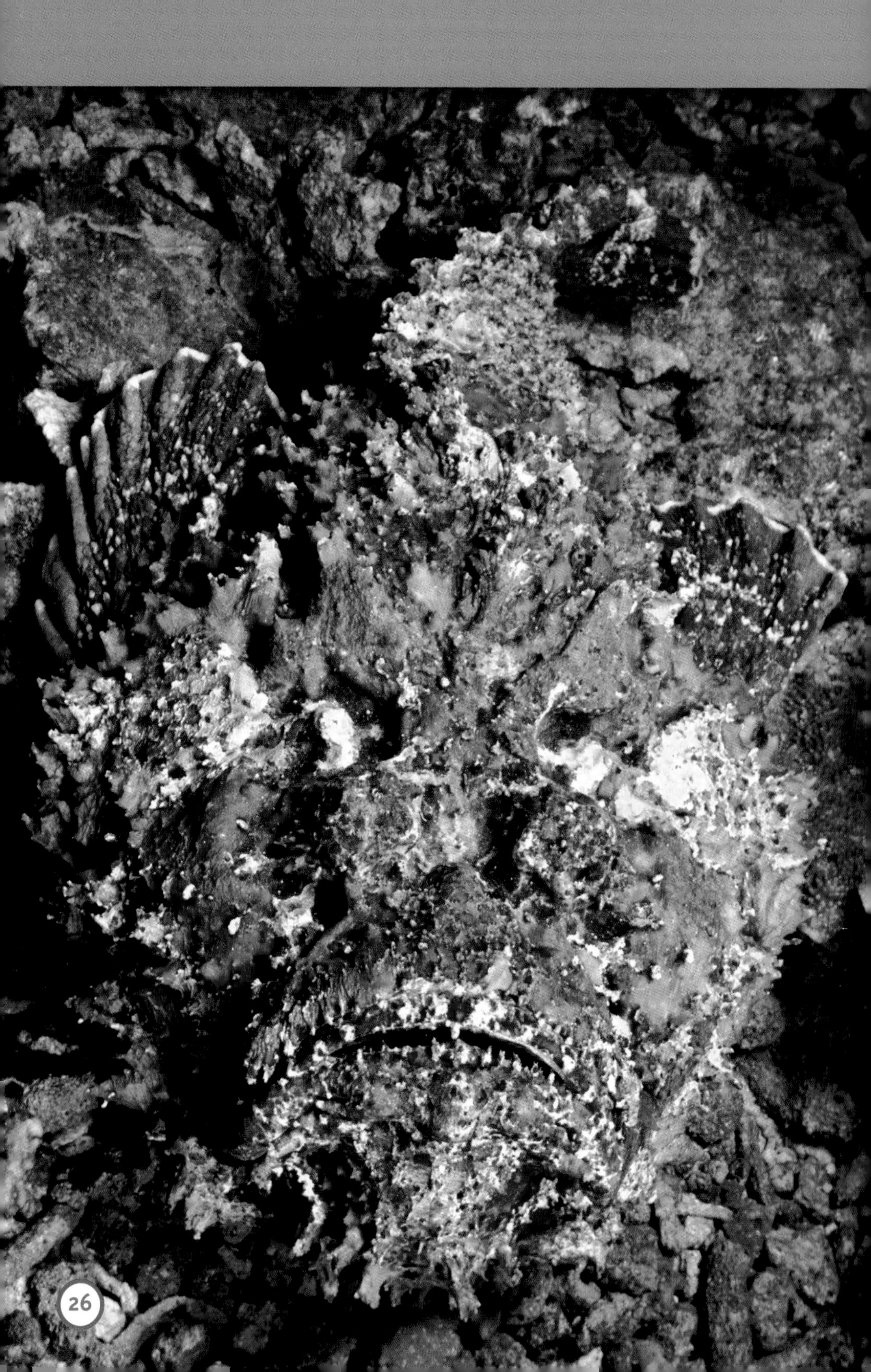

DEFINICIONES MORTALES

PARALIZADO: Que no se puede mover

Pez piedra

Los peces piedra son los maestros del disfraz. En vez de nadar en busca de comida, ellos se camuflan en sus alrededores rocosos y esperan que sus presas pasen.

Si un depredador hambriento agarra a un pez piedra, o una persona por error se para sobre ellos, trece espinas puntiagudas lo llenan de veneno. La herida se hincha, los músculos de la víctima empiezan a sentirse más débiles, y el área afectada se paraliza. Si la persona no es auxiliada, puede llegar a morir.

Pez globo

Cuando un enemigo lo ataca, el pez globo traga agua y se infla como un globo espinudo. Pero éste no es el único truco que este pez usa para protegerse.

Si un depredador intenta darle una mordida a un pez globo, éste traga un desagradable bocado gusto a toxina. ¡Guácala!

Total de muertos

A pesar de que el pez globo tiene la suficiente toxina para matar a 30 humanos, hay algunas personas que prefieren arriesgarse. Ellos comen pez globo preparado por chefs especialmente entrenados. Debido a que los chefs algunas veces cometen errores al prepararlos, la toxina mata a cerca de 100 personas al año.

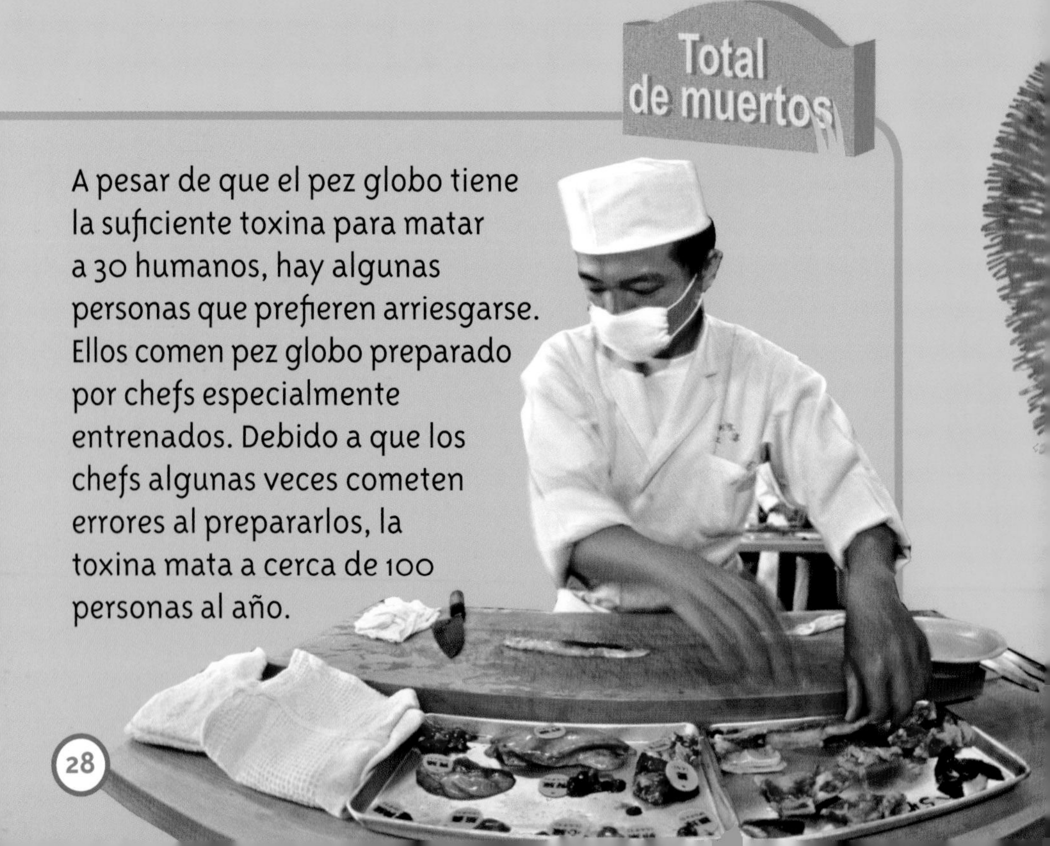

10 datos curiosos sobre los animales mortales

1

Las leonas casi siempre son las que cazan, pero los leones siempre comen primero.

2

Cuando hace calor y está soleado, los cocodrilos, al igual que los perros, jadean para refrescarse.

3

La mayoría de los peces bebés se llaman alevines pero los tiburones bebés se llaman crías.

4

Los hipopótamos bebés nacen debajo del agua.

5

Si alumbras a un escorpión con una luz negra, brilla en la oscuridad.

6

Una medusa no tiene cerebro.

7

Todas las serpientes tienen dientes, pero únicamente las serpientes que producen veneno tienen colmillos.

8

Si un pulpo pierde un brazo, otro crece en su lugar.

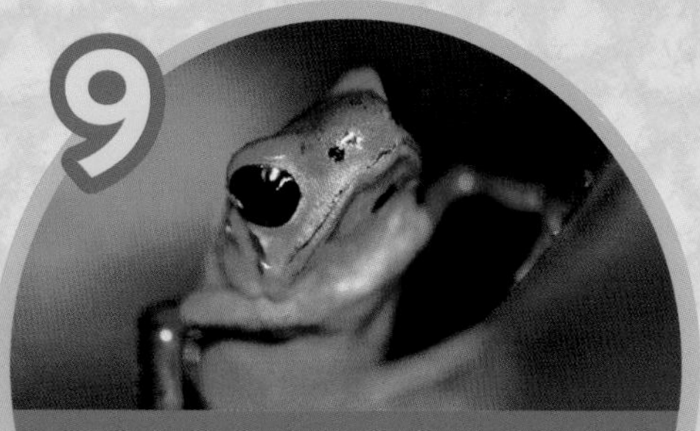

9

Algunas ranas venenosas punta de flecha contienen la suficiente toxina para matar a 10 personas.

10

Una abeja tiene cinco ojos, tres pequeños en la parte superior de la cabeza y dos grandes en el frente.

Sin huesos pero con veneno

Los peces no son las únicas criaturas marinas que pueden ser peligrosas para tu salud. Algunos invertebrados marinos pueden ser mortales también.

Cubomedusa

Puede que hayas sido picado por una medusa, pero la cubomedusa es una especie aparte.

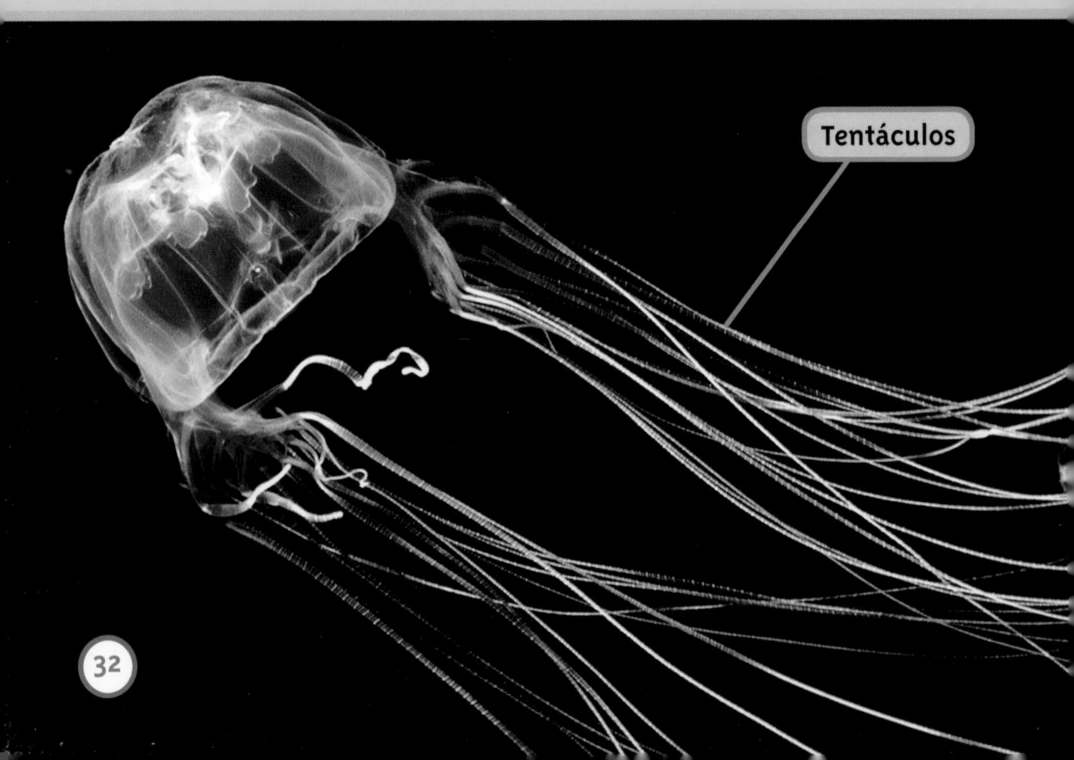

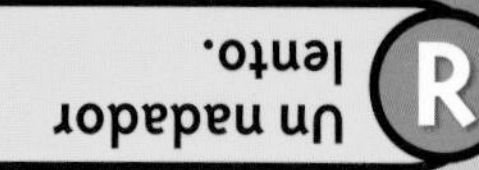

El cuerpo de una cubomedusa es del tamaño de una pelota de baloncesto, pero sus tentáculos pueden medir hasta 9 pies de largo.

Cuerpo

Tentáculos

Cada uno de sus tentáculos tiene miles de pequeñas células punzantes. Juntas, ellas contienen la suficiente toxina para matar a 60 personas, y la muerte tarda sólo 4 minutos en llegar.

Pulpo de anillo azul

Un pulpo de anillo azul tiene el tamaño de una pelota de golf pero tiene una mordida mortal.

La mayoría de las veces, el pulpo usa su saliva tóxica para atrapar cangrejos y camarones. Pero su poderoso veneno puede paralizar hasta 20 personas. En cuestión de minutos, cualquier cosa que ataque a este pequeño pulpo deja de respirar y muere.

El cartel dice:
CUIDADO
PULPO DE
ANILLOS AZULES

La piel de un pulpo de anillo azul es de color marrón amarillento. Pero manchas o anillos azules brillantes aparecen cuando el pulpo está asustado.

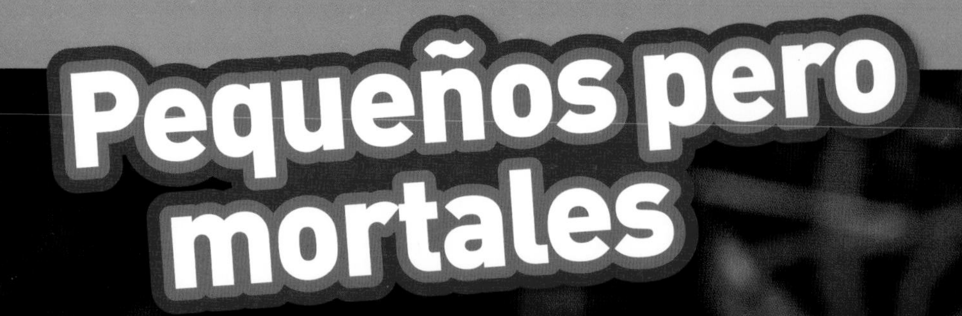

Pequeños pero mortales

El océano no es el único lugar en la Tierra con pequeñas criaturas mortales. Éstas también viven en los campos, bosques, pantanos y desiertos.

Rana venenosa punta de flecha

Los científicos creen que las ranas punta de flecha comen insectos venenosos que las hacen a ellas mortales. Si tocas la piel babosa de estas criaturas brillantes, podrías morir en minutos.

Información tóxica

Algunos habitantes nativos de los bosques tropicales atrapan las ranas punta de flecha, juntan su veneno y lo ponen en los dardos que ellos usan para cazar. De ahí, el nombre de esta rana.

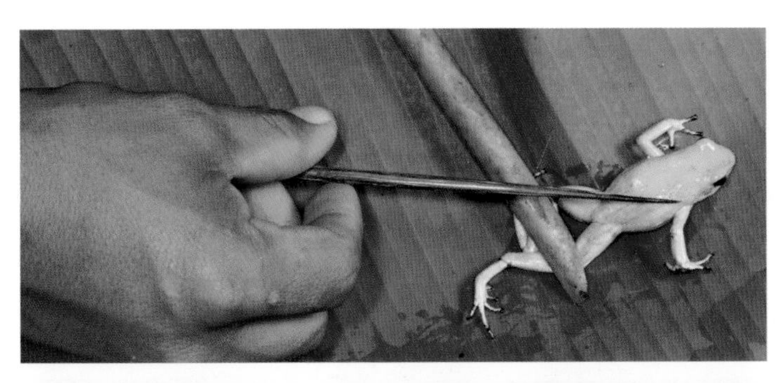

Abejas

Las abejas nos ayudan a polinizar muchas de nuestras frutas, vegetales y frutos secos preferidos. Pero ellas pueden ser mortales también.

Aproximadamente 1 de cada 4.000 personas es alérgica al veneno de las abejas y puede morir si tan sólo una picadura no es tratada a tiempo. Pero toda la toxina de un enjambre de abejas enojadas puede matar a cualquier persona.

P ¿A quién llaman los insectos para reparar sus casas?

R A una hormiga carpintera.

¡extraño pero cierto!

Barba de abejas es la práctica que consiste en atraer abejas al cuerpo humano haciendo que la abeja reina cuelgue del mentón.

Escorpiones

Las pinzas enormes del escorpión que parecen garras son su mejor arma. Pero si un depredador lo ataca o si su presa da batalla, ¡el escorpión ataca! Un veloz golpe con el aguijón que está en su cola soluciona todo.

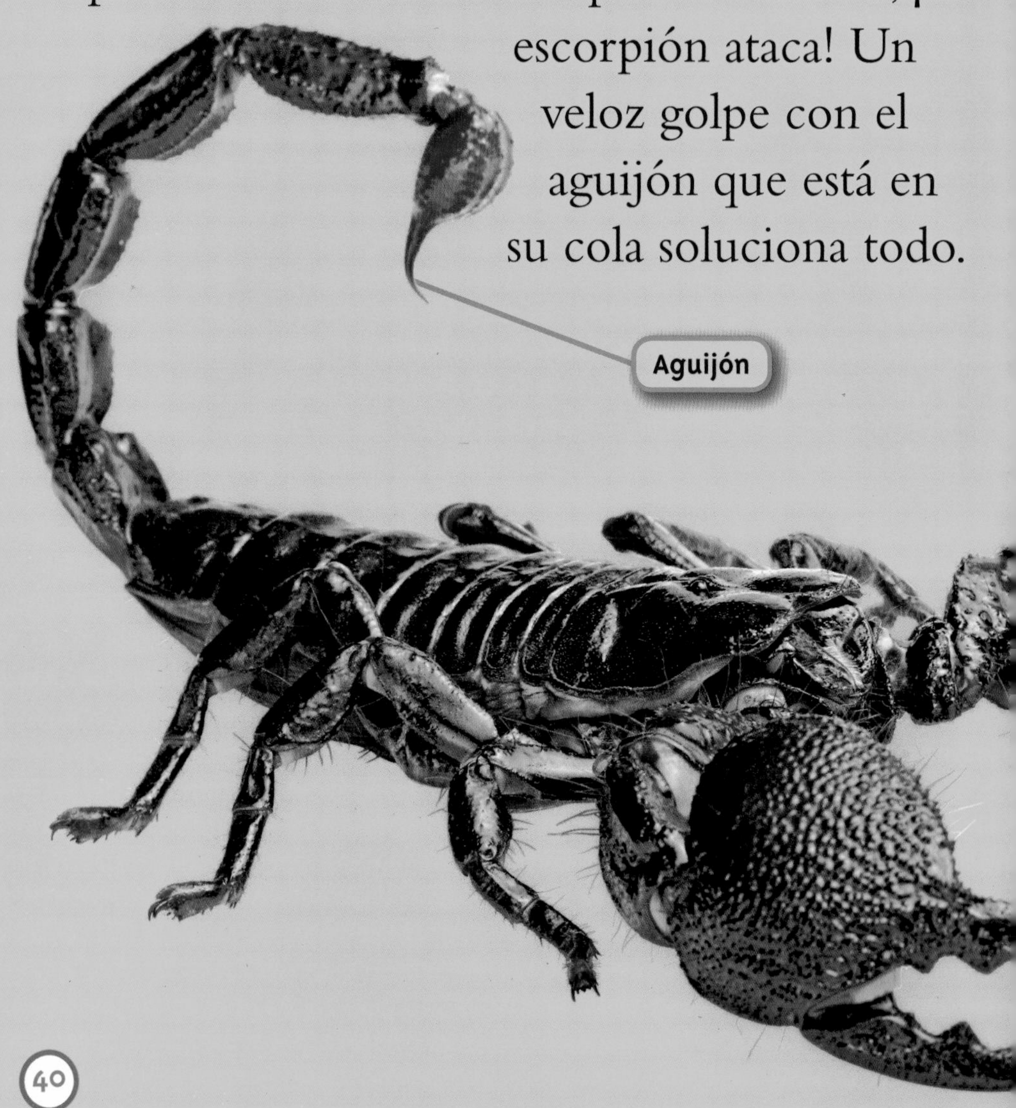

El aguijón contiene un tubo hueco que está conectado a dos bolsas llenas de veneno. El escorpión controla la cantidad de veneno que quiere expulsar. Por lo tanto, a víctimas grandes, mayor dosis de veneno.

Total de muertos

De las casi 2.000 especies de escorpiones que hoy en día viven, sólo 30 o 40 tienen el veneno lo suficientemente fuerte como para matar a humanos. Aún así, miles de personas mueren debido a las picaduras de escorpiones.

Araña de Sídney

Pequeña y brillante. Negra y mortal. Así es como la gente de Australia describe a la araña de Sídney.

La mayoría de las veces, esta araña usa sus colmillos afilados y su veneno mortal para atrapar los insectos y otras presas. Pero si una persona se le acerca, esta araña no dudará en morderla.

P ¿Por qué hacen telarañas las arañas?

R Porque no saben tejer.

Información tóxica

Los científicos desarrollaron en 1981 un antídoto para proteger a las personas de Sídney del veneno de esta araña. Desde entonces, ni una sola persona ha muerto a causa de su mordida.

El más mortal de todos

¿Cuál es el animal más mortal de todos?

¡El mosquito – ese pequeño y molesto insecto con zumbido irritante!

Total de muertos

Todos los años, acerca de 2 o 3 millones de personas mueren a causa de las enfermedades transmitidas por los mosquitos.

Los mosquitos transmiten algunas de las peores enfermedades del mundo, incluyendo la malaria y el virus del Nilo Occidental.

Y cuando un mosquito chupa la sangre de un animal, gérmenes pueden entrar al cuerpo de la víctima. Por eso es una buena idea usar repelente cuando hay insectos alrededor.

Desde los pequeños mosquitos hasta los gigantes elefantes, los animales más mortales del mundo vienen en todos los tamaños y formas. Y viven en cualquier hábitat que puedas imaginarte. Pero cada uno de ellos tiene la manera de mantenerse a salvo en un mundo tan peligroso.

Glosario

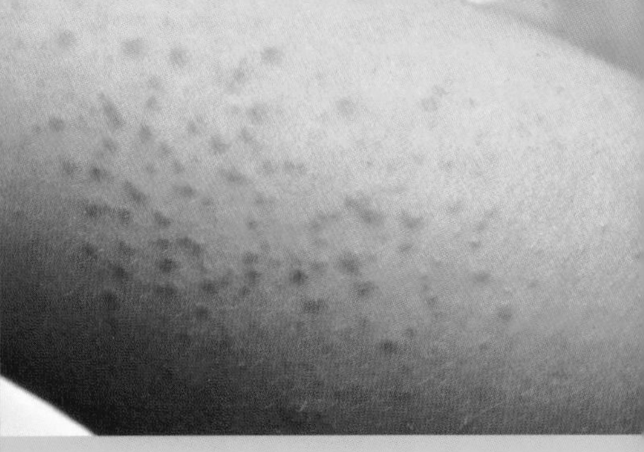

ALÉRGICO: Cuando el cuerpo reacciona a alguna sustancia con erupciones, problemas de respiración o hasta la muerte

ESPECIE: Grupo de criaturas similares que se aparean y reproducen

HERBÍVORO: Animal que come plantas

POLINIZAR: Transferir el polen de una flor a otra, permitiendo que las plantas produzcan frutas y semillas

PRESA: Animal que es comido por otros animales

CARNÍVORO: Animal que come la carne de otros animales

DEPREDADOR: Animal que caza y come a otros animales

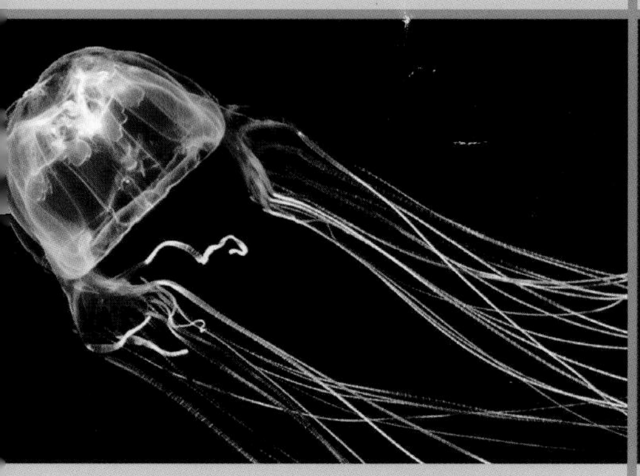

INVERTEBRADO: Animal que no tiene columna vertebral

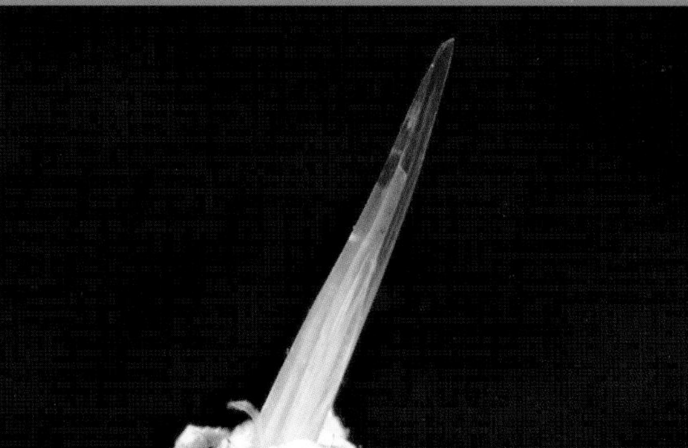

PARALIZADO: Que no se puede mover

TÓXICO: Venenoso, capaz de causar heridas y hasta la muerte. Se llama toxina a las sustancias tóxicas

VENENO: Líquido venenoso que está en el cuerpo de algunos animales

Números en **negrita** indican ilustraciones.